天 山 詩選 143

신 주 원 제3시집

눈을 보면 알아

한기 10961
한웅기 5922
단기 4357
공기 2575
불기 2568
서기 2024

도서출판 天 山

눈을 보면 알아

신 주 원 제3시집

上元甲子
8937
+2024
10961
5922
4357
2575
2568
2024

도서 출판 天 山

<시인의 말>
'삶을 뒤돌아보며…'
―― 신주원 제3시집 '눈을 보면 알아'를 내며

  나의 삶은 말의 씨대로 살아왔다.
  한일 은행(현재 우리은행./1980.~1998.) 18년 근무, 시인이 되고(2001.) 제1시집(2002. '세상 속의 우리') 제2시집(2011. " '낙산사' 해뜰 무렵")이 나온 뒤 부모님을 모시다가 두 분 다 먼여행 떠나시고, 이제 말씨대로 제3시집(2024. '눈을 보면 알아')을 내게 된다. 시집 내자니 또 한 번 님들과의 이별이 떠올라 새삼 가슴 아프다.
  요즘 날 대변할 수 있는 시 '미륵꽃나무'가 있어 옮겨본다.

피면 질 것을
그러니,
천천히 꽃을 피우도록하자

피는 것도
지는 것도
다 봤다

욕심이 돋아나고
사랑이 싹트는 것도 다 봤다

진흙속에선 천천히 피어나도록하자,

◀自　序▶

혼이 사라져
평행선에 가닿을 때까지

겨울꽃나무 지켜섰는
쌍촛불아래
천천히 미륵님 어깨에라도 기대어보자.

— 시 '미륵꽃나무' 전문

열심히 달려온 삶에 여유로운 시간이 흐른다. 모두 잊고 고향 동해 바다로 떠나고싶은 마음, 아직도 눈물이 핑 돈다.

누구에게나 말의 씨가 살아있다. 난 말씨를 뿌리며 살아왔다. 그대로 모두 말씨가 이루어졌다. 그런 나만의 향기로 늘 말씨를 뿌리며, 지금까지 살아가고있다.

마음 넓은 승민 오라버니와 코가 예쁜 동생 미경, 매력 여인 유진, 멋진 막내 미혜, 엄마를 좋아하는 예쁜 딸 유경, 아들같은 사위 문기, 그리고 사랑스런 질녀 지후, 눈이 예쁜 소영, 미래의 작가 효정, 잘생긴 조카 재원, 눈감아도 떠오르는 승원, 세상 끝나는 날까지 사랑하며 살겠다.

지상 인연 최고 울타리가 되어준 부모님, 삶의 마지막까지 향긋한 길 하늘빛 꽃자줏빛 마련해주어 고맙기만 하다.

2024. 5. 8.

신 주 원

차 례 ─────────

신 주 원 제3시집
눈을 보면 알아

시인의 말/ '삶을 뒤돌아보며…'/ 신 주 원/ 4
시집 평설/ 宙源詩는 孝行律呂詩의 本家/ 申 世 薰/ 87

제1부/ 시인의 봄날그림자

시인의 봄날그림자/ 13
젊은날 거울속 쌍둥이/ 14
雪人木 가지에 날아내리는 하늘/ 15
꽃비와 춤을/ 16
동네우물/ 17
에버랜드 장미꽃 축제/ 18
나는야 해바라기/ 19
암놈낙타의 모래울음/ 20

제2부/ 바다궁전짓기

오늘 그리고 내일/ 23
꿈 꾸 는/ 25
해바라기에게/ 26
'해수 관음상 옆바위에 앉아/ 27
푸른삶살이/ 28
바다궁전짓기/ 29

신 주 원 제3시집
눈을 보면 알아 ──────── 차 례

제3부/ 눈을 보면 알아

孝의 언덕에서/ 33

빛 의 눈/ 34

푸른이마/ 35

눈을 보면 알아/ 36

미륵꽃나무/ 37

달빛향 꽃방석/ 38

제4부/ 빗장속 곱하기사랑

장 맛 비/ 41

빗장속 곱하기사랑/ 42

바다품안에 내가 안겨/ 43

시 살 이/ 44

내 마음속 춤사위/ 45

바다와 戀書/ 46

가을하늘집/ 47

나를 열고 들어온 너/ 48

내 품안의 나무/ 49

운 명/ 50

차 례 ─────────────────

신 주 원 제3시집
눈을 보면 알아

제5부 / 두타연길

바퀴로 달리는 삶살이/ 53

두타연길/ 54

행 운 목/ 55

색   깔/ /56

말 의 씨/ 57

인드라망에 사는 三足烏/ 58

울아배 밤지새는/ 59

울아배 병상을 지키며/ 60

옛 바 다/ 61

문과 자유/ 62

신 주 원 제3시집
눈을 보면 알아

차 례

제6부/ 襄陽思父曲

백수 아버지/ 65
襄陽思父曲/ 66
부모들의 언덕길/ 67
울아배 효자손/ 68
울엄니 꽃언덕/ 69
울아배 사준 옷/ 70
고향 바닷길/ 71
몸사랑 맘사랑/ 72
호   상/ 73

차 례

신 주 원 제3시집
눈을 보면 알아

제7부/ 날개달고 떠난 울엄니

배총 떨어진 날에/77

마법의 날/79

말 의 씨·2/80

상나라 그리버/81

행운목 꽃피고/82

어린 날 비단옷/83

마음눈뜨기야/84

날개달고 떠난 울엄니/85

제1부 ─────────────── 시인의 봄날그림자

시인의 봄날그림자
젊은날 거울속 쌍둥이
雪人木 가지에 날아내리는 하늘
꽃비와 춤을
동네우물
에버랜드 장미꽃 축제
나는야 해바라기
암놈낙타의 모래울음

시인의 봄날그림자

그대
누더기옷 기워입어도
빛나고,

갈빛감잎옷 입고있어도
빛난다

늪에서
연꽃이 올라와 피는
떨림이다.

젊은날 거울속 쌍둥이
──아배를 간호하면서

꿈꾸듯 거꾸로 걷는 사람들 속에서
바로걷는 울아배 삶끝자락
거울속에서 다시 만난다

거울면에 어린 젊은날 쌍둥이는
안방 별하늘로 돌아와
자정 시간을 맞춰보고있다

子時 꿈기둥 물면속으로 잠겨들어가
꽃피는 바닷가 놀던 그시절로 날아간다.

雪人木 가지에 날아내리는 하늘

하얀 속살을 드러냈다
햇덩이 앞에선 다 녹고 말
사라지고 말 숲을 드러냈다

바람도 봄향기에 물들었다
함부로 내겐 불어오지않았다
삶 저편에선
한 점도 안되는 붉은살점이
초록불바다를 기다리고있다

사라지고없어지는 것은
모두 모두 먼하늘님 뜻인 것을
꿈같이 지나가는 바람날개
雪人木 가지에 날아내리는 하늘의 눈꽃인 것을.

꽃비와 춤을

기다리지않아도 봄비내리는
오늘, 꽃잎은 파르르 열리고
연꽃구름은 여유로이 산이랑위를 흘러간다
엎드려 흙향내를 맡아볼까
온몸 떨리듯 춤추며 지는해를 보고싶다

바다는 그대로 울음자락 펄럭이며 일렁이고
저녁답 벙어리바람 꽃가질 흔들어준다
오늘밤 초엽엔
어느 주막에서 꽃술 한 잔 마시나
山神들은 메아리방아짓 놀는지

그을리는 마을숲
그대 달빛젖은 모습 떠올린다
쥐불놀이불꽃춤아기파람
한보름하늘 지날녘엔.

동네우물

내 고향 양양 낙산
4시 4철 별내리는 양양 바닷가동네
모랫벌 소꿉장난하던 하얀모래밭
처녀가 되도록 날 키웠다
여름철엔 물맑고 시원했다

동네하늘우물물
그우물물이 보이질 않는다
이웃아낙들 수다 두레박엮던 놀이터
아배는 일찌감치 날개달고는 날아가셨다

고향우물집 팔린 봄날 아침 그날
안태생갓집우물터를 메꿔버린 걸 첨 알았다
오늘도 아배어매 깊은 눈길낯을 엿보고싶어진다

옛우물 먼바다 파도등성이 타곤 떠났는가
팔린 생가우물집을 뒤돌아나오자
눈시리게도 동네우물 다시 한 번 들여다보고싶어진다.

에버랜드 장미꽃 축제

빨강·노랑·하양 천사들 하강한 듯
그대 모습 취해 천상 하루를
즐겨보다

눈짓·손짓 꽃각시 마음 홀려
헤어질 줄 모르다

해가 지면
'에버랜드'엔 달이 뜬다.

나는야 해바라기

나는야 해바라기
햇덩이신 뜨거워 뜨거워 멀리서만 바라본다
그냥 바라본다
뜰안길 지당 연꽃 웃음소리
그 누가 엿듣는들 달이야 안뜰까
보름달이야 안뜰까
천상 혼불 그냥 바라만 본다
어떠랴, 꿈속에서도 바라만 본다
내가 나를 쳐다보듯
해바라기등채에 안기고싶다
푸른삶살이조차 단풍들 때까지···.

암놈낙타의 모래울음

목마르다, 혹뿔이 마르다
걸쭉한 내 피라도 마시고싶다

모든 것은 증발하고
거울속엔
오직 원시인얼굴만 보인다

원숭이와 함께 달빛여행길을 걸어간다
신기루 찾아 우물물에 목을 축인다
은하수처럼 이끼만 하늘천장 가득하다,
봇물이랑 넘치던 사막샘물은
내 꿈속에서만 가득히 출렁거린다.

제2부 ──────────── 바다궁전짓기

오늘 그리고 내일
꿈 꾸 는
해바라기에게
'해수 관음상' 옆바위에 앉아
푸른삶살이
바다궁전짓기

오늘 그리고 내일

영겁토록
무지개빛문을 열고
또 열어보고
꽃궁닮은 영혼소리 들으며
널 기다리다,
잠든다

너와 난
끝닿을 수 없는
또 다른 우주안방에서
숨쉬고있다

몇 겁이 지나도록
만날 수 없는 빛
꿈길에서만 만날 수 있을 뿐,

땅위에서
땅아래에서
우주 그어디에서

다시 문을 열고
또다시 문을 연다
해와 달이 다시 떠오른다

우린 평행 우주 이론을
다시 공부해야겠다.

꿈꾸는
──행운목 귀띔소리

말이 없다 빅뱅이 일어나고 우주 질서 이루어질 때 모든 물질들 시끄러웠을 거야 귀막고눈감고 산 지 누억 년 느낄 수 있어도 보고들을 수는 없다

잎새 볼비비고 별보이는 눈 갖다대본다 온몸 풍기는 꽃내음 그소리 찾아 줄기 세포속 들어가본다

내 키보다 더 커진 가지들 꿀맛주던 꽃 어느새 가버리고 황금잎새 지상 떨어지는 날 귀연 난 그소리 다시 들을 것이다

에너지 속 갇혀 분열된 소릴 하나씩 얼어 들어볼 것이다, 행운목은 어느새 꿈꾸듯 속삭여준다.

해바라기에게

작은키 햇덩이 하늘향하고, 눈동자 맹글맹글 돌고돌아 어지럽다

잎새뒤 숨어 널 닮은 하얀 이 드러내 얘기보따리 풀면, 향내음 따뜻하다

어지러움속 고향 산천 향해 몸숙일 땐 늘푸른 온마을길 시끄러워 네 황금매무샌 늘 곱다 그런 해바라기 너 옆 한 채 집짓고 천세 만세 살고싶다.

'해수 관음상' 옆바위에 앉아
―― 瞑 想 抄

돌아가야 할
꿈결바다
'해수 관음상'

우주비늘 먹고 살다
황혼녘 햇덩이와 동침하며 살다
붉은물이랑품에 안겨들며
언제까지나 별돋움고을에서 살다

물빛따라 변해가는 꿈결꽃 되다
누천 년 꿈꾸며 내 몸 맡기다
'낙산사' 연꽃 온몸 열 때까지

迦陵頻伽 춤사위
꽃향기에 취해보렴
진한 바다내음
북극성 눈뜰 때까지.

푸른삶살이

가끔 타오른다
하얀 들숨 날숨
불꽃으로

뒤돌아봐도
변하지않는 것은
내 속 안 떨림
心室 실핏줄속에서 머문다

타올라 타올라
까만눈망울
다시 푸른삶으로 돌아간다
오늘
이 허수아비 웃음들로….

바다궁전짓기

태초 부름 있어
삶줄같은 너 난
바다 물평선 팽팽 당겨주고있다

한울타리 그물갇힌 북두 7성
아홉 마리 별들 비린내음 풍기고있다

물질 해댈수록 내 안
꼬리지느러밀 흔들어대는 고래떼들
달빛파도이랑도 일어나서 날고있다

그는 제자리 다시 돌아와
아무도 낚을 수 없는 고래들 집
물속 신전 태초궁전 새로 짓고있다.

<4357.3.9. 퇴고.>

제3부 ─ 눈을 보면 알아

孝의 언덕에서
빛 의 눈
푸른이마
눈을 보면 알아
미륵꽃나무
달빛향 꽃방석

孝의 언덕에서

꿈속 저편
얼음산에 꽃이 피면

손바람 피워
목마른 늪속울음 멈춘다

머리카락으로 하늘 베어내
발바닥으로 땅 다진 후엔

이삶 다하는 날까지
孝란 황금을 채굴해야만 한다.

빛의 눈

하늘밭 뿌린 씨앗
황금비늘 이랑마다
일렁일렁 바다뱃속으로 잠긴다.

빛눈 깜박이니
심방에
햇살 넘쳐쏟아진다

어둠속에서
싹트는 꽃잎들
春分宮 돌기둥빛눈소리로
허공을 활개쳐 날아오른다.

<4357.3.9. 퇴고.>

푸른이마
―― 늙고병든 아배를 모시면서

푸른말씨 울아배 아기될 때
맏딸은 아배이마에다 박치기를 한다

낙타기갈보담 더욱 심한 삶허길 느낄 때
손톱끝에 닿는 아배이마는
불빛덩이속에선 환히 터져 빛난다

울아배 두 눈빛을 보면
살아있는 눈에 눈물고여 마르지도 않는다

이밤 어둠앞에서는
이별옆엔 아직 가로놓인 벽이 놓이질 않았다.

<4357.3.9. 퇴고.>

눈을 보면 알아

눈을 가만히 들여다보면 압니다
온살이아픔이란 것을

아직도 눈물이 마르지않은 걸 보면 압니다
온살이만남이 다 끝나지않았다는 것을

온삶살이에 남은 생애 마술의 불씨
스스로 수문 대장이란 딸은 꽃心房이 아파옵니다
저먼꿈나라 꿈나라로 보내드리고만싶습니다

오늘 이맘때 신음소린
꿈속이라면 좋겠습니다
새까만밤 내 안섶에서 울다웃다 그만
온밤 지샌 후 새샐녘 밭은기침소리에
이제야 발바닥이 점점 뜨거워져옴을 느낍니다.

미륵꽃나무

피면 질 것을
그러니,
천천히 꽃을 피우도록하자

피는 것도
지는 것도
다 봤다

욕심이 돋아나고
사랑이 싹트는 것도 다 봤다

진흙속에선 천천히 피어나도록하자,
혼이 사라져
평행선에 가닿을 때까지

겨울꽃나무 지켜섰는
쌍촛불아래
천천히 미륵님 어깨에라도 기대어보자.

달빛향 꽃방석

밭두렁을 지나
훌훌 나는 듯 논두렁을 거닌다
어린 날의 두렁길
내 안태고향 별나라
싱싱한 붉고추코끝 찡그럽다

엄니 미간 가랑눈썹만큼 뵈는
저 논두렁위의 오두막집은
간날 옛적 누구네의 집이었던가

금파랑 문전 옥답위에 집을 짓는다면
늙을 때까지 꿈꾸듯 살아봐도 되겠네
곧바로 저건너편 논밭뙈긴 그흔적 없어질지도
홀로 덩그렇던 그집 글쎄 어느새 없어질지도 모를 일이다

고향에선 그저 그럭저럭 늙어갈 뿐,
아침저녁 발가숭이 적 그논두렁 거닐면서
죽지날갤 치켜세워 빗겨날면서
허공을 뱅뱅 날면서, 어슬렁 빙빙 돌면서
달빛향 무르녹는 꽃방석을 짜집는다.

제4부 — 빗장속 곱하기사랑

장 맛 비
빗장속 곱하기사랑
바다품안에 내가 안겨
시 살 이
내 마음속 춤사위
바다와 戀書
가을하늘집
나를 열고 들어온 너
내 품안의 나무
운 명

장 맛 비

주고받을 것없다
눈물까지 다 태워마셨다

맨날에
천둥번개 치는 날
눈물을 쏟아야 하는가
더 이상 기다릴 것없다

쏟아부어도 몰라
신음소린 내지말기

'낙산사' 고향 앞바다만이
물이랑물이랑 너머 훤하다.

빗장속 곱하기사랑

대문빗장을 활짝 열어두어도
가까이할 수 없는 허수아비가 있다
그눈빛 보고픈 그만큼 눈을 감겠다

우리들 얘기는 해맑았던 해비얘기뿐
다시 그꽃가루 자가 수정 얘길 듣고싶다

빗장걸게 놔두지 말게 해야겠나
꽃꿀 찾아 벌나비들 떠나게 될 때면
다시는 건널 수 없는 그꽃강물
다시 건널 수밖엔 없을 것이다.

바다품안에 내가 안겨

바다품안에 내가 안겨있어
바람이 부르면 눈맞춤,
물평선이 뛴다
편히 그품에 안겨 해평선끝으로
기러기뱃길을 날아간다

맑고고운 샘하늘길
그물마음에 푹 잠겨
둥그런 눈만 뜨고 그려본다

웃는얼굴로 물이랑이 뺨을 쳐 부른다
벽없는 하늘을 향해
그긴울음 날리며 날리며 흘러간다

무한한 이땅위의 푸른물길속으로 날아간다.

시 살 이
──잊을 수 없는 일

나를 믿듯
늘
너 구속의 빛
너를 기다리듯
오직 나
묶인 자유

그런가
느낄 수 있어
깨달아야
믿을 수 있는 별꽃

시살이
시살이란
버려야 불어오는
바람꽃

봄살이 때
알을 낳고 싶어.

내 마음속 춤사위

한 잔의 따뜻한 차가 생각날 때면
스르르 눈감고
우주가 내 것인 양
천상으로 날아보겠네

우주와 하나 될 때
바람소리조차 숨을 죽이지만
그리운 바닷소리
불러내야 하는
이름없는 새는 외롭겠네

내 곁에서
마음속 비밀을 들려주겠니?
저잣거리에 물들지않는
끝없이 이어지는 붕새들의 춤사위를.

바다와 戀書

널 위해 물이랑 밟고 달려왔다
몸부림없이 재재재 부서지고
하얗게 웃음뿜어쏟아주는

오직 너만을 그러안고 그리는
바다향고래같은 그리운 꿈
소중한 마음
꿈속에라도 함께 고이 품고싶다

거울속 꽃향을 본 지 오래지만
하루하루
그꽃향같은 삶을 살고싶다

목화빛물결
언제나 물맴이는 샐녘마다
참꽃 연서를 써놓고는 잠든다.

가을하늘집

가을하늘 너 함께 잠들고싶어
연인되어 영혼까지 불태우고싶어
마음소리에 방음병풍을 친 채
나만 기다리는 너를 가두고싶어
우리 목숨 한 점 화살로 날아가 점찍을지라도
둘이 한날한시에 갈 것을 염원한다

하늘집 문을 여는 날
투명한 거울을 보듯
가을집 뜰안 꽃비 흠뻑맞고싶어.

나를 열고 들어온 너

촛불은
이대로 모두
태워버릴 수 있습니다

태운 후
길게 웃을 수도 있다면
모두 버릴 수도 있습니다

불씨를 지키지 못하는
혼불 감싸주지 못하는 아픔을
촛불은 다 알고있습니다

깊은 바다에 내 너를 던지고
홀로선 뿌릴 벋어 꽃을 피워봅니다
향기나는 노래를 불러도 봅니다

나를 열고 들어온 너
끝까지 웃음을 피워내는 모습 참 아름답습니다.

내 품안의 나무

실바람이 머물던 그곳엔
저홀로 문이 잠겨져있고

그늘이 드리워져있는 곳엔
잠들고자 해도 하얀마음켠 한 모서리가
밤을 지킵니다

혼불인 양 꺼버린 불빛들은
새카만 노래가 되어 발자국으로 걸어오고
초록문 두드리는 내 안의 나무음성
내 품안의 바람숲이 무성합니다.

운 명

강물의 갈림길 두물머리 세물머리를
연어처럼 날아다니다,
물길의 原鄕으로 돌아나간다

꿈궁전 내전에 들어 안기고싶어
눈을 슬몃 감지만
몸 먼저 뒤집고는 누워버린다

피해갈 길 몰라
화살촉끝에 맡겨버린 삶
내일 샐녘 한길 위해
'행운의 열쇠'를 찾아
진리보다 더 밝은 시를 배우랴
내 안의 금빛바다에 머무르면서…

제5부 ─────────── 두타연길

바퀴로 달리는 삶살이
두타연길
행 운 목
색 깔
말 의 씨
인드라망에 사는 三足烏
울아배 밤지새는
울아배 병상을 지키며
옛 바 다
문과 자유

바퀴로 달리는 삶살이

밤낮 문을 두드리며
푸른소리를 내뱉는다

창가햇살 목축이며
간혹 원하는 노랠 불러댔을 뿐
그리그리 바람과 잘 살아왔다

언젠가 눈떴을 땐 푸른방 아랫목
온몸 꽃향기로 가득했던 날
그리워했다, 네게 말하랬다, 그누군가.

두타연길

두타연길숲은
하얀
떨림뿐,

이편 저편 구름은
지뢰밭위에 섞여서
흘러간다

모든 것
그날애기는
총성으로 들려줄 뿐
붉은 깃발은
이젠 흔들리지않아도 될 듯하다

한반도
두타연길은
배꼽에 뿔난 길
바람 한 점
새소리조차 숨을 죽일 줄 안다.

행 운 목

천장을 향해 더 이상 오르질 않는다
보이지않는 눈이 살아있다

말 전하면 그냥 향기로만 대답해줄 뿐
늘푸른 마법의 몸뚱이로만 꽃잎핀다

한결같은 그자리 낮과 밤이 바뀌더라도
밤꽃 피어나는 소리 들려온다
꽃열면, 향내 퍼져나가는 소리 들려온다.

색 깔
── 영화 '암살'을 보고

꽃으로 피며 웃는
희고붉은 목숨결
향기 뿜는 흙색울음실

이편 저편
숨쉴 수 없는
색깔이
한꺼번에 펴지면서
태극사랑 꽃잔치
광복 고희년이지러

이땅 산소꽃등은
다른 꽃등을 찾아헤매면서
한목소릴 내는 그날까지

무궁물결은
반도 천지가마속에서도 일렁거린다.

<4357.3.21. 퇴고.>

말 의 씨

허공속으로 씨눈들이 흩어져 날아간다

저것은 뿌리 힘, 얼음산을 부순다

또한번의 영혼 폭발물이다

지구 배꼽속 갇혀피던 꽃봉들이
한 마리씩 한 마리씩 피어날고 있다.

인드라망에 사는 三足烏

햇덩일 휘감아 항복시키고
바람을 가로막는 쌍룡을 잠재우고있다
빛나는 황제들의 영혼을
三足烏 발톱으로 묶어놓고있다

마른천둥번개는 마고의 힘
수소·원자라는 불덩이 무기로
남북 그물속의 우주비늘 나침반
명주실타래를 풀어내주고 있다.

울아배 밤지새는

울아배 밤지새는 가쁜숨소리
베개는 파란땀방울로 젖어있고,

절로 빠지는 머리카락
그아픈 파람 한올씩이라도 사리살짝 뽑아주고싶다.

죽지 푸른날개 돋아나듯
온사랑 거꾸로누운 청자항아리
늘 손등으로 막아주고있다.
내 젊은 불길 끝나는 날까지.

울아배 병상을 지키며

늘 가고픈 고향바닷가
수심깊은 사랑이라도 난 어쩌지 못해
푸른눈물 천공에 뿌리고있다

때때로 온몸 부딪힐 그바닷가
신음소리 핏빛눈 부릅뜬 채
설산꽃 피워내는 봄날을 빚고있다

어쩌면 울아배 맨몸
진한 바다내음
노을빛으로 불타고있는 건 아닐까.

옛 바 다

웅크린 채
늪속에 가라앉은 울아비
눈물태우고있다.

끓어오르던 바다
해초음 향기맛 소태다.

뜰에선 언제나
눈마주친 푸른잎들
손내미는 날들만 남는다.

문과 자유

하늘과 닿은
문은
숨쉬기를 죽기로 몰아쉬고

바다끝
알몸으로
불씨를 찾아헤매지만

어디를 둘러보아도
꽃피울 수 없는
늪뿐

눈감은 사이
깃털은 떨어지고
내 안의 자유항
푸른문 열린다.

제6부 ─────────── 襄陽思父曲

백수 아버지
襄陽思父曲
부모들의 언덕길
울아배 효자손
울엄니 꽃언덕
울아배 사준 옷
고향 바닷길
몸사랑 맘사랑
호 상

백수 아버지

'코로나 19'가
지구공 돌고돌아도
白壽 아배 모실 수 있어 행복하다

정신 깜박깜박할 때
이마대고 박치기 한 번하며 웃고
밤낮 거꾸로 돌아간다며
분침·시침을 거꾸로 돌려놓아
웃음꽃 터져나온다

새샐녘 새소리
온몸을 치유하듯
꼭두새벽 세수한다며 주원이를 자꾸 부른다
빙빙 도는 까만밤 백수 울아배앞에선
하하하, 웃어넘어가야만 한다

자던 귀도 열려있다
백수 울아배는 양쪽귀 다 열려있다
거울천장에서라도
자정부터 웃어대야만 살맛 난다.
아직 숨을 쉬고 계셔서 고맙기 그지없다.

<2020.3.6.>

襄陽思父曲

발바닥은 따 '地'에
마음은 안태고향 襄陽
낙산 동해바다 물평선 펼쳐두고
울아배 모신 지
두 해하고도 또 두 그믐초생 지났다

모든 것 다 드린 난 큰딸
이젠 아플 짬마저도 없다

꿈속이라도 늘 귀는 열려있고
아배 신음소리따라
발자국소리는 화답이 없다
울아배따라 예까지 왔음에도….

하얀밤은 까만밤 껍데길 벗겨먹고
하얀등골 거꾸로 보여 어지럽다
내 품안의 '낙산사' 해수 관음 보살이 그립다.

<2020.4.27.>

부모들 언덕길

살살이꽃 향내 가득한 마가을
하늘아래 언덕길 오르신다
끝없는 외길 홀로홀로 오르신다

내려가는 언덕길
꽃향기 없다

울아배는 울엄닐 찾으시고
울엄닌 지아빌 찾는 언덕길이다
고맙고도고마운 향긋한 길
이대로 발걸음 멈춘다해도
하늘빛 맹 꽃자주빛이다

파도소리 귀청 간지럽히는 낙산 고향마을
다른길 가는 길도 환히 보인다
바닷가내음 갈매기들 먼저 맛보고 노래한다
언제간 오르다내려가야 할 양양하늘언덕길
미수·졸수·백수로 가는 길
울아배 울엄니 먼여행 꽃둔덕길이다.

울아배 효자손

게이트볼 친다고
효자손으로 내리쳐
내 이마 뚝불났다

2020년 섣달 겨울밤 子時부터
어른 꿈속 체조에서 맞고맞는다
'코로나 19'로 집집 가게 문닫혀
울아배 뇌막칸도 점점 닫혀가는지
이튿날 샐녘 동창이 밝아오면
지난 자정 맏딸이마빡 친 것도 모른단 답이다

아배 양다리뼈 초가을 수수깡처럼 여위어가고
훤했던 얼굴엔 검버섯자국도 늘어 딴살림들 차린 듯하다
가까운 내일엔 이런 웃음이나 나올지
하나둘 쌓였던 울음보가 쏟아져 나올지도….

오늘밤 꿈속서도 맏딸을 부를 때면
맹 그칼퀴같은 주먹운동을 하신다
이한겨울밤 뜬눈으로 보내는 울아배
이승 마지막 삶체조이신 것같다.

울엄니 꽃언덕

울엄니 안뜰
참 아늑해
삶늪은 정깊다

배고픈 시절엔
흰밥대접만 바라보고 자랐다
국수먹고 싶을 땐
이밥 한 그릇 챙겨가 바꿔먹었다

울엄니 눈매만 보고 자라나
남에게 주는 것만 알았다
끝까지 몸사랑은 챙기질 않았다
말알갱이 씨는야 다 받아먹었다

울아버지 편찮아 모신 지 석3년
이젠 어버이 웃길 세월만 남았다
최고사랑 엄니물바다 '洛山寺' 해수 관음
다 감친 고향 襄陽으로만 가고파
점점 호흡 가빠지셔도 살아계셔 고맙기만 하다.

<2021.4.26.>

울아배 사준 옷

생전 입어보지도 못했던
울아배 '요양사옷'을 사입었다
휘청일 수도 없다
시시때때 아비와 눈맞추는 옷
깊은밤 눈빛 읽어낼 줄도 알아야 했다

이생 숨소리가 맞아떨어져
눈웃음 웃어야 살아날 듯하다
아배를 즐겁게 해주는 고마운 겉옷이다

아배가 떠나시는 날은 언제일까
그래 또 한번 울어보는 날
울어맬 모시고 다시 입어볼 '요양사옷'
숨소릴 낮춰보는 울아배 주신 옷.

고향 바닷길

꿈속그물망으로 들여다보이는
바닷내음의 옥문틈새
도루묵이 알미역이랑을 토해낸다
입은 채로 풍덩
조개들끼리 개구리수영 그시절 그립다

마을앞 바닷길 가시철망 걷혔다
대포항앞 물이랑밭은 메워져 일어나고
어느새 소상공인 상가들만 즐비해졌다
가장 멋져보이던 우리집은 의외로 더 작아보이고
어디서 옮겨왔는지 빌딩 상자마을이 되어있다

傘壽가 되면 돌아와 살고싶던 東鄕 해안길.

몸사랑 맘사랑

몸살이 올 수도 있다,
몸의사들 모여
온몸 돌리고돌리는 중이다

머리에서 발끝까지
손발엔 우주별자리가 수놓여있어
아픈 곳 찾아 금침 꾹꾹 놓아준다

심장 심방엔 싯말씀들
드리들끓고 있어
바이러스 제깟 놈 들어오면
그냥 불살 끼얹어 녹여버릴 일이다

아픔이 찾아오면 웃음으로 받는다
왔다갔다하다보면 그냥 지나가게 된다

봄뜰엔 솔솔 향내나고
가을엔 스스로 스르르 생몸살 깨어난다
몸사랑 맘사랑이란 다 그렇다.

호   상
──동작동 '국립 서울 현충원'에 모시며

눈물이 다 말라도
이 눈가는 촉촉하고 뜨겁다

뼈만 앙상한 울아배
음력 9월 보름날 소천
양력으론 시월 스무날 밤 축시에…가셨다

모신 지 석3년 7개월 보름째
가시기 열흘 전만 해도
연어회 자시고 딸을 바라보며 환히 웃으시던,

소나기 한줄금씩
영영 떠날 듯이 내리때렸다

사하라 사막이라해도
그날밤 그눈길은 잊을 수 없어
아직까지 내 눈엔 어리벙해

이젠 귀도 열리고
날며 뛸 수 있는 구름밭
白壽 호상 울아버지 참 고마우셨다.

　　　*2021. 10. 20. 03:00. 내 품에 안겨 소천(음력 9. 15.).

제7부 ─────────────── 날개달고 떠난 울엄니

배추 떨어진 날에
마법의 날
말의 씨·2
상나라 그리버
행운목 꽃피고
어린 날 비단옷
마음눈뜨기야
날개달고 떠난 울엄니

배총 떨어진 날에

울엄니께 전화해
낳아줘서
고맙습니다 한다

오늘은 딸내미 생일날
어미 손을 잡으며
낳아줘서 고맙습니다 한다

1초간 '멍' 때리는
울아배 먼여행 떠난 발자욱소리뿐,
눈산이 따갑고아프다

울엄니도 구름밭 거닐 때
효까마귀 울음소리 구슬프게 들릴 날도 있겠다

생신에 그모습 보고파
울아배 층층집 '현충원' 다녀와야겠다

흘러가는 물소리
꽃피고지는 봄은 볼 수 있지만

이승 저승 혼그림은 볼 수 없다
울아배 헤벌심 웃는 모습만 환하다.

마법의 날

조개목걸이에
토끼풀반지해 끼던
발가숭이 시절

밀려온 물미역줍고
바다 도루묵이알 건지던 여름날
그 동해향기 그립다

양양 낙산 햇덩이 해수 관음상
강원 설악 연인이기나 한가,
앞섶 향그럽던 동틀녘 살갑다

울아버지 돌아가시고
이저 울집은
논마지기 집채마저 다 허공천 언젠간 날아가고,

바다향
어지러이 녹아퍼져드는 삶
마법의 날인가.

말의 씨·2

꽃피고 꽃지고
나이듦 열매
입안 한가득 씹혀,

씹혀도 말의 씨눈은 말씨눈
말꽃피우긴 피우기씨눈
섣달 한데 천둥번갤 맞기야
헛꿀꽃을 따마시기야

꽃닮은 엄닐 닮아
하늘속 무지개꿈 손짓하는,

전설숲 꽃궁궐 열고나오면서
왼어깨를 내어준다.

상나라 그리버

그리버 누억 넌 한얼 그리버

안태고향 그물망
모래무지는 허물어지고
조약돌들만 가득찼다

남과 북 등고갤 숨긴 안가슴
혼불섞음도 바라본다

첨 谷神 문짝이 열리듯
가로막힌 골짝문이 열리고
자유론 영혼 오고가는 날 밤
꽃피고 새우는 참나라땅
내 생전 그날만 만날 수 있기를.

행운목 꽃피고

지난 초겨울 눈뜬 행운목꽃 피고지다
집안 식구들 꿈속으로 데려가던 꽃
울엄니 향기 가득한 꽃향머리
피고질 때까지 옷 한 벌 맞춰주고
예쁜딸 목도리까지 빙빙 둘러주고
이세상 끝날까지 데리고갈 작정인가
오늘밤 꾼 자정꿈은
꿈자락 하얀꽃향 온몸 휘두르고는
매일밤 늘푸른잎새 새마고성을 짓고있다.

어린 날 비단옷

늘 바다가 보이는 양양땅 볕마을
내가 태어난 집이 팔렸다

고향 앞바다는 늘 첫사랑처럼 설렜다

울아배 먼여행 보내드리자
맏딸인 내 앞가슴은 터질 듯 불타고
아침저녁매중 새살이 돋는다

울엄니 모신 지 반 년만에
정든 고향집을 다시금 찾아간다

꿈에 비단옷입고 놀던 어린 날
뒷산 해수 관음 햇덩일 질 때까지 쳐다본다.

마음눈뜨기야

바위침대위에 누워
하늘 쳐다보니, 하늘 또한 물침대야

바닷가 앉아 눈감으면
동틂닮은 햇살눈빛 썰며
천장 가득 댓마루 삶살일 불지른다야

말씀씨앗 향물 가득 뿌리내린 뜰안
바닷물결은
초록봄꿈 눈엽열어 실어나르기도 한다야

참 훈훈한 한겨울
꽃피울 줄 아는 상생 이치에
내 안의 음양 눈길 밝게 켜져 깜빡인다야.

날개달고 떠난 울엄니

2024년 2월 15일 음력 1월 6일
울엄니 인사하곤 울아배 따라 날개달고 떠났습니다
내 삶의 마지막 고마움 참사랑 주고갔습니다
마지막날 손흔들던 그모습
난 손시리다고 자꾸 이불속으로 팔넣어주고
아프지않게 해달라고 빌기도했습니다
그날 가신 님
천사같은 울엄니 이세상에서 제일 사랑했습니다.

〈시집 평설〉

宙源詩는 孝行律呂詩의 本家
── 신주원 제3시집 '눈을 보면 알아'를 살펴보고

申 世 薰
<한국 문협 제22·23대 이사장·시인>

1.

1·2·3. 1은 3이고, 3은 1이다. 1(天) 2(人) 3(地)이 맞다. 1(天) 2(地) 3(人)은 아니다. 음양 5행으로 사람(人=2)은 하늘(1) 다음 양으로 수리 2(人)에 속한다. 늘 우리가 쉽게 불러 '天地(하늘+땅) 天地' 하다보니, 天(1) 地(2) 人(3)으로 잘못 깜빡한 것이지, 실제로는 1(天) 2(人) 3(地)이 옳다. 부르기 좋게 하늘 다음 땅으로 말해오던 버릇 때문에 인간(2)이 밀려나 天(1) 地(2) 人(3)으로 잘못 쓰여진 것이다. 우리 한민족 일상속에서 생활해오던 습관이 배여있어 사람(인간:2)이 어쩌다가 흙 기운에 쫓겨나 앞뒤 순서가 뒤바뀌어버린 것인지, 실제로는 사람(2)이 하늘 다음 자리인 것이 옳다. 하늘 아래 땅위에 사람이 산다. 즉 옛날부터 지금까지 땅위에서는 사람이 살아왔고, 사람들 머리위에서는 하늘이 떠있었다.

하늘(1) 아래 사람(2) 살고, 사람(2) 밑에 땅(3)이 있다. 즉 땅(3)위에 사람(2) 살고, 사람(2) 위에 하늘(1)이 펼쳐져있다. 1·2·3은 그래서 본디부터 정

해져 내려오는 것이다. 하늘(1) 땅(天地)은 아니다. 하늘(1) 사람(2) 땅(3)이 제자리 순리다. 그래도 습관적으로 하늘아래 땅이 있어 '天地'가 말끝마다 씨가 되어 天人地가 아니라 天地人으로 착각하기 딱이다. 이 '天地人'은 天符로 딱 하나(1)다. '天符經'이 그렇게 가르쳐 주고있다. 땅(3:地)위에 사람있고, 사람(2)위에 하늘(1)있다. 하늘(1)과 사람(2)과 땅(3)이합해 1+2+3=1(우주)이다. 즉 3(1+1+1)이 하나(1)다. 1+1+1=1이다. 3이 아니다. 곧 1·2·3은 오붓이 하나(1)다. 하늘(1)·인간(2)·땅(지구)(3)이 합해 우주(1:○) 즉 하나가 완성되는 것이다. '天符印'이 곧 1+2+3=1로서 '天符經'의 원뜻이 된다.

이처럼 '天符經' 1·2·3 수리속에는 조상신 즉 어버이가 이에 속한다. 하늘(1)이 곧 인간의 조상격이요, 어버이가 된다. 1·2·3으로 구성되어 하나가 된 '天符經'이 조상신 즉 부모를 포함하고있다. 하늘에는 곧 인간의 조상신과 상제 즉 하느님이 자리하고있다. 이에 위대한 조상신이 자리하고 있어 두 하늘(1)엔 조상신과 하느님 상제와 인간의 본질 어머니(모성)가 존재하는 것이다.

이 어버이 '孝' 사상은 '1'의 위치에 가있어야 한다. '1'이 하늘·하느님(상제)즉 어버이가 되는 것이다. 辛宙源詩는 孝行律呂詩의 本家 철학을 이은 전통 정신을 잠재우고있다. 곧 '天符印' '天符經' 속의 혼사상을 가슴 환히 안고있다. 이러한 孝行律呂詩는 한국뿐아니라 세계적으로도 보기 힘들다. 宙源詩의 특징은 이런 孝思想에서 '天符經' 사상을 꿰뚫고있다는 것이 남다른 詩學이다. 어느 누구도 지금껏 宙源詩를 극복하는 시는 아직까지 나타나지않고있다. 특히 여성 시인에게는 이런 개성이 남다른 것이다. 어느 누구도 지금껏 宙源詩를 극복한 시는 지금껏 나타나지 않고있다. 특히 여성 시인에게는 아직도 孝思想詩를 써서 辛宙源만큼 성공시킨 시인은 없다. 이점에서 신주원 시인의 시세계는 독특한 비밀을 감추고있는 셈이 된다.

宙源詩에는 '弘益濟人' 孝思想이 깔려있어도 한민족 전체의 폭넓은

'홍익 인간' 사상을 꿰뚫어나가고있다. 조상들의 혼정신뿐아니라 온통 기본 선조들의 孝 정신을 꿰뚫어 이어주고있다. 전통 효행 습관을 고스란히 이어담고있다. 그래서 더욱 좋은 孝行律呂詩가 기려져야한다. 이러한 한민족의 효사상과 민족·조상신 아낌사상을 함께 살려가고있는 한민족 애국가가 전해온다. '於阿歌'다.

이노래가 우리 민족의 애국가가 되어야한다는 여론이 지배적이다. 이 민족적인 애국 애족 정신이 깃든 노래 '어아가'속에 담긴 사상 미학이 곧 겨레 사랑으로 신주원 시인의 '사람사랑' 시사상으로 고스란히 살아나고있다. '於阿歌'글 받아적어보면 아래와 같다.

<번역·1>
어아어아!
우리 큰조상신의 크신 은덕.

배달나라 우리는
모두가 만 년이 가도 백만 년이 가도 잊지 마세.

어아어아!
착한 마음은 큰활이 되고, 악한 마음은 화살에 맞게 되니,

우리 만 사람 백만 사람들은
모두가 큰활줄 같은 마음으로
곧은 화살같이 한마음이어라.

어아어아!
우리 만 사람 백만 사람
모두 큰활처럼 굳센 한마음으로
배달나라 영광을 빛내세.
<

만 년 백만 년의
크신 은덕이로세.
우리 큰조상신
큰조상신이시여!

<번역·2>
어아어아, 우리 대조신*의 크나큰 은덕이시여!

배달의 아들딸 모두 백백 천천 영세토록 잊지 못하오리다.

어아어아, 착한 마음 큰활되고, 악한 마음 과녁되네.

백백 천천, 우리 모두 큰활줄같이 하나되고 착한마음 곧은화살처럼 한마음 되리라.

어아어아, 백백 천천, 우리 모두 큰활처럼 하나 되어 수많은 과녁을 꿰뚫어 버리리라. 끓어오르는 물같은 착한 마음속에서 한 덩이 눈같은 게 악한 마음이라네.

어아어아, 백백 천천, 우리 모두 큰활처럼 하나 되어 굳세게 한마음되니 배달나라 영광이로세.

백백 천천, 오랜 세월 크나큰 은덕이시여! 우리 대조신이로세.

*大祖神: 한인·한웅·단군·하느님·하늘님·한울님·한얼님·상제님·한배검. 神. 三神. 天神 또는 우주의 氣 등으로도 다양하게 부르며, 위대한 조상신을 말함.
*어아가: 번역 가사는 현재 상생 방송(STB) 자막으로 흘러나오는 가사가 여기서는 빠져있지만, 그중 제일 맘에 든다. <번역·3>으로 채택하고 싶다(義山).

<'於阿歌' 원문>
於阿於阿 我等大祖神 大恩德//倍達 國我等皆百百千千年勿忘//於阿於阿 善心 大弓成惡心 矢的成//我等百百千千人皆 大弓弦同善心 直矢一心同//於阿於阿 我等百百千千人 皆大弓堅勁同心 倍達國光榮//百百千千年 大恩德 我等大祖神 我等大祖神.<

<참고 자료>
'檀君世記'

其詞曰

於阿 於阿 我等 大祖神 大恩德 倍達國 我等 皆百百千千 勿忘. 於阿 於阿 善心大弓成 惡心矢的成. 我等 百百千千人 皆大弓絃同 善心直矢 一心同. 於阿 於阿 我等 百百千千 人皆大弓 一衆多 矢的貫破. 沸湯同善心 中一塊雪惡心. 於阿 於阿 我等 百百千千人 皆大弓 堅勁同心 倍達國光榮 百百千千年 大恩德 我等 大祖神 我等 大祖神.

2.

위의 孝行律呂詩로 시인은 쉰일곱 편이나 곱게 엮어놓고 있다. 우선 ①'雪人木 가지에 날아내리는 하늘' ②'꽃비와 춤을' ③'나는야 해바라기' ④'시인의 봄날그림자' ⑤'동네우물' ⑥'바다궁전짓기' ⑦'孝의 언덕에서' ⑧'눈을 보면 알아' ⑨'바다품안에 내가 안겨' ⑩'나를 열고 들어온 너' ⑪'襄陽思父曲' ⑫'호상'(—동작동 '국립 서울 현충원'에 모시며) ⑬'배총 떨어진 날에' ⑭'날개달고 떠난 울엄니' ⑮'꿈꾸는' ⑯'미륵꽃나무' ⑰'달빛향 꽃방석' ⑱'장맛비' ⑲'빗장속 곱하기사랑' ⑳'내 마음속 춤사위' ㉑'바다와 戀書' ㉒'가을하늘집' ㉓'바퀴로 달리는 삶살이' ㉔'행운목' ㉕'울아배 밤지새는' ㉖'울아배 병상을 지키며' ㉗'행운목 꽃피고' ㉘'마음눈 뜨기야' 이상 28편 그뒤로도 동그라미시가 여러 편이 수놓여있다.

3.

辛宙源 시인은 孝女詩人으로 알려져있다. 첫시집부터 세번째 시집까지 모두 부모에 대한 孝行詩가 남들보다 돋보였다. 주위에서 모두들 시인을 효녀 시인으로 알고있다. 먼저 '自由文學' 편집장을 하면서도, 매주 금요일엔 강원도 아버지 계신 요양원으로 갔다. 병원 딱딱한 목철 침대에 누워서 큰딸눈을 바라보며, '퇴원시켜달라'는 속삭임

을 신호처럼 딸의 귀에 대고 전했다. 이말씀을 듣고난 시인은 곧장 퇴원 수속을 밟아 서울로 모셔와 3년 7개월 15일을 잠자리·식사·대소변…까지 돌봐드리며, 간병인 노릇하기에 최선을 다했다.

아버지는 밤마다 애타게 딸이름을 부르며 찾았지만, 떠나는 그순간까지 아버지의 두 손을 잡고 기도만 올렸다는 시인의 고백이 있다.

시를 보면 안다. 아버지와의 깊은 인연으로 늘 긍정적으로 삶을 살아가기에 아무리 힘이 들어도 지치지않았다. 치매 요양사 자격을 얻고, 아버지 먼여행길 떠나자, 그때까지 홀로 강원도 고향집을 노모 홀로 지키고 계시던 어머니까지 출가한 서울딸의 집으로 모셔와 간병인 대신 시인이 직접 모신 것으로 안다. 오빠 동생들과도 우애가 남다르고, 믿음이 서로 잘 통했던 것으로 안다. 아버지가 6·25전쟁 참전으로 화랑 무공 훈장을 탄 국가 유공자라 서울 동작동 '국립 서울 현충원'에 모시게 된 걸로 안다.

그간 시인은 아버지·어머니 돌아가실 때까지, 그동안 어버이 효도에 최선을 다했고, 이제 그때 경험을 무의식적으로 읊은 글을 제3시집 '눈을 보면 안다'로 엮어낸다. 그동안 쭉 지켜본 신주원 시인에게 그간 孝에 대해 쓴 시를 읽으면서 박수를 보낸다.

요즘 출가한 딸이 부모를 요양 병원에 모시지않고 직접 '내집'에서 돌아가실 때까지 간병하면서 보내드리는 '出嫁外人'이 어디 있던가. 이것 하나만 보더라도 시인은 말없이도 이시대의 孝女에 속한다. 이 체험으로 쓴 시들이 그누구보다도 孝行律呂詩로 빛나고 있어 다행스럽다.

누워계시던 백수 아버지는 시인 辛宙源이 가끔 누구인지도 모르는 정신 상태였다. 시인이 태어나자 손수 지어준 이름 '미라'로만 부르며 딸을 찾았다. '주원'이가 '미라'임을 아버지는 잘 모르지만, 얼굴만은 늘 알아보고 벙글벙글 웃으셨다한다.

시인이 쓴 이러한 孝行詩가 요즘은 잘 나오지않는 시대라 시인이 이 방면의 소재와 주제를 택해 많이 쏟아낸 것에 대적해 이날까지도 당해낼 자가 없다. 그러니 이방면의 本家는 시인 신주원이다. 1등 메달을 짊어지고가는 시인의 등짐에 축하의 박수와 축하꽃을 뿌려주어도 넘치거나 무리한 일은 아닐 것이다.

4.
그대
누더기옷 기워입어도
빛나고,

갈빛감잎옷 입고있어도
빛난다

늪에서
연꽃이 올라와 피는
떨림이다.

——시 '시인의 봄날그림자' 전문

시인은 이쪽도 아니다. 저쪽도 아니다. 항시 중립에 서있었다. 그러나 판단은 정확했다. 항상 바른쪽 사람을 일으켜세우려한다. 늘 문학 생활을 그렇게 해왔다. 올바른 문림 생활은 그가 孝行律呂詩를 쓰는 데도 큰도움이 되었다.

시 '시인의 봄날그림자'에 선 듯 시인은 '누더기옷 기워입어도/빛나고,//갈빛감잎옷 입고있어도/빛난다'는 '늪에서/연꽃이 올라와 피는/떨림'으로 곱게곱게 살아왔다. 바로 평소 시인의 모습 그대로다. 누가 뭐래도 그는 '그'였다. '바른 시인' '그'였다.

항시 어디에 가서도 바른소리·곧은소리를 잘한다. 그가 있어야 무슨 모임이든 제대로 활성화되어 돌아갔다. '시인의 봄날그림자'처럼 순수하고 고왔다. 그런 고요히 빛나는 자태에서 솟아오르는 연꽃같은 자세로 그는

어지럽디어지러운 세상을 살아왔다. '늪에서/연꽃이 올라와 피는/떨림'으로 그는 눈감듯 조용히 어버이를 모시며 孝行律呂를 고르고 살아왔다. 그렇듯 어느 모임에서라도 살아서 피는 연꽃처럼 아름다운 마음으로 어버이를 모시면서 자아내는 큰딸의 사랑을 피워냈다. '시인의 봄날그림자'처럼….

5.
내 고향 양양 낙산
4시 4철 별내리는 양양 바닷가동네
모랫벌 소꿉장난하던 하얀모래밭
처녀가 되도록 날 키웠다
여름철엔 물맑고 시원했다

동네하늘우물물
그우물물이 보이질 않는다
이웃아낙들 수다 두레박엮던 놀이터
아배는 일찌감치 날개달고는 날아가셨다

고향우물집 팔린 봄날 아침 그날
안태생갓집우물터를 메꿔버린 걸 첨 알았다
오늘도 아배어매 깊은 눈길낯을 엿보고싶어진다

옛우물 먼바다 파도등성일 타곤 떠났는가
팔린 생갓우물집을 뒤돌아나오자
눈시리게도 동네우물 다시 한 번 들여다보고싶어진다.
　　　　　　　　　　　——시 '동네우물' 전문

　시 '동네우물'은 시인이 자랐던 어린 날 고향마을의 우물이다. 강원도 양양 '낙산사' 가까운 바닷가 동네마을이다. 그러한 바닷가 고향동네 마을 우물가 흰모래밭에선 소꿉장난을 하면서, 시인은 '처녀가 되도록 날

키워'준 고향마을 동네우물가에서 '여름철 물맑고 시원'하게 자란 시골 모습이 지금의 시인 辛宙源이다.

시인은 커서 봄날 우물집 팔린 아침을 깨달았다. '안태생갓집우물터를 메꿔버린 걸 첨 알았다' 그래서 '오늘도 아배어매 깊은 눈길낯을 엿보고 싶어진다'는 것이다. 어버이는 '옛우물 먼바다 파도등성일 타곤 떠났는가/팔린 생갓우물집을 뒤돌아나오자/눈시리게도 동네우물 다시 한 번 들여다보고싶어진다.'는 생각이 눈앞으로 돌아와 든다. 이처럼 시인이 살았던 우물동네에서 우물집이 팔려 그동네를 떠나지않으면 안되는 고향집을 '잃어버린 고향 시인'이 되었다.

사랑하던 어버이를 차례로 잃고나자 고향집도 팔리게 되어 자연 고향을 떠나는 시인이 되어버린 것이다. 하지만 시인은 눈을 감을 때까지 어린 날 푸르게 뛰어다니면서 자라나던 '동네우물'가 집울타리를 영원히 잊지 못할 것이다.

6.

태초 부름 있어
삶줄같은 너 난
바다 물평선 팽팽 당겨주고있다

한울타리 그물갇힌 북두 7성
아홉 마리 별들 비린내음 풍기고있다

물질 해댈수록 내 안
꼬리지느러밀 흔들어대는 고래떼들
달빛파도이랑도 일어나서 날고있다

그는 제자리 다시 돌아와
아무도 낚을 수 없는 고래들 집
물속 신전 태초궁전 새로 짓고있다. ──시 '바다궁전짓기' 전문 <

시 '바다궁전짓기'가 끝나면 시인은 떠나신 어버이가 더욱 그리워질 것이다. '바다 물평선 팽팽 당겨주고있'을 바다궁전이 지어지면 멀리 떠나 보낸 부모를 이 '바다궁전'에 모시고싶어질 것이다. 북두 7성 한울타리 그물에 갇힌 '아홉 마리 별들' 7성판에 새겨져 비린내음을 풍기내고있다. 고래떼들도 '달빛파도이랑도 일어나서 날고있다' 아무도 낚아올릴 수 없는 고래들 집을 '물속 신전'으로 새로 지어 어버이를 앞서 떠나보낸 고래처럼 모시고싶은 것이다.

시 '바다궁전짓기'의 뒷배경은 그래서 더욱더 훤하게 밝아오는 듯하다.

7.
꿈속 저편
얼음산에 꽃이 피면

손바람 피워
목마른 늪속울음 멈춘다

머리카락으로 하늘 베어내
발바닥으로 땅 다진 후엔

이삶 다하는 날까지
孝란 황금을 채굴해야만 한다.

———시 '**孝**의 언덕에서' 전문

'孝의 언덕에서' 시인은 남모르게 기대 살았다. '꿈속 저편/얼음산에 꽃이 피면' 시인은 '손바람 피워/목마른 늪속울음 멈춘다'했다. '머리카락으로 하늘 베어내/발바닥으로 땅 다진 후엔//이삶 다하는 날까지/孝란 황금을 채굴해야만 한다'고 다짐하고있다.

'孝의 언덕'은 시인이 생각했다기보다 그먼저 그윗대 조상들이 이미 마련해 두었던 '언덕'이 아닌가싶다. 시인의 기억으로는 그렇게 마련되어있었던 '孝의 언덕'이 고요히 준비돼 놓여있어야 했다. 그래야 맘 놓고 기댈 언덕이 마련된 것 아닌가. '소도 비빌 언덕이 있어야 비빌' 수 있듯 시인도 조상들의 정령들이 마련해준 '孝의 언덕'이 있어야 그냥 기대고 시를 쓰며 孝行律呂詩라도 쓸 수 있었던 게 아닌가. 시인은 이제라도 맘 놓고 푸근히 기대 孝行律呂詩를 쓸 수 있어 오히려 행복한 시인이 될지도 모른다. '꿈속 저편/얼음산에 꽃이 피면/더 좋은 시가 시인의 품안에 날아들지도 모른다. 우리는 신주원 시인의 뜨거운 가슴속에서 그런 孝行律呂詩가 쏟아져나오기를 기대하는 것도 자못 좋을 듯하다.

8.

눈을 가만히 들여다보면 압니다
온살이아픔이란 것을

아직도 눈물이 마르지않은 걸 보면 압니다
온살이만남이 다 끝나지않았다는 것을

온삶살이에 남은 생애 마술의 불씨
스스로 수문 대장이란 딸은 꽃心房이 아파옵니다
저먼꿈나라 꿈나라로 보내드리고만싶습니다

오늘 이맘때 신음소린
꿈속이라면 좋겠습니다
새까만밤 내 안섶에서 울다웃다 그만
온밤 지샌 후 새샐녘 밭은기침소리에
이제야 발바닥이 점점 뜨거워져옴을 느낍니다.

─── 시 '눈을 보면 알아' 전문

시 '눈을 보면 알아'는 이시집의 표제시가 되었다. 처음엔 너무 막연해서 더 절실한 제목이 없을까 생각 중 '어버이 마지막 눈빛'을 떠올렸다. 편집인이 에디터 자격으로 떠올린 시집 제목이었으나, 시인에겐 맘에 들지 않은 모양이다. 시집 교정지에 다시 '눈을 보면 알아'라는 시제목이 이시집 제목으로 수놓아져 나왔다. 나는 어쩔 수 없이 물러나앉을 수밖에 없어 그냥 눈을 감았다. 그런데 갈수록 이제목이 점점 마음에 와닿았다. 역시 부드러운 것이 강한 것을 이기는구나 싶었다. 두고보니 역시 딸의 마음이 더 부드럽다는 생각을 하게 되었다.

　어버이의 아픔은 '온살이아픔'이다. '온살이만남이 다 끝나지않았다는 것을' 서로서로 다 알고있다는 거다. '온삶살이에' 수문 대장을 맡아서 지켜보는 딸은 '꽃心房이 아파옵니다'라는 진술은 당연지사이다. 곧장 '저먼 꿈나라 꿈나라로 보내드리고만'싶은 맘이 드는 것도 당연지사이다. 그래서 시인은 딸의 입장에서 '신음소리/꿈속이라면 좋겠습니다'라고 고백하고있다. 새샐녘에야 어머니·아버지의 밭은기침소리가 시인의 발바닥을 뜨겁게 데워주는 것을 느낀다고 귀띔해 준다. 어버이의 '눈을 보면 알아'라는 제목이 역시 이번 시집의 표제가 되기를 잘했단 생각이 든다.

9.
바다품안에 내가 안겨있어
바람이 부르면 눈맞춤,
물평선이 된다
편히 그품에 안겨 해평선끝으로
기러기뱃길을 날아간다

맑고고운 샘하늘길
그물마음에 푹 잠겨
둥그런 눈만 뜨고 그려본다

웃는얼굴로 물이랑이 뺨을 쳐 부른다

벽없는 하늘을 향해
그긴울음 날리며 날리며 흘러간다

무한한 이땅위의 푸른물길속으로 날아간다.
——시 '바다품안에 내가 안겨' 전문

진정한 어버이의 사랑이 배어있는 시가 '바다품안에 내가 안겨'란 작품이다. 이시집속에서도 그어느 시보다 돋보이는 시중의 한 편의 시다. '바다품안에 내가 안겨' 잠들고싶은 시이다. 이바다품안은 곧 어버이의 품안, 해평선끝으로 물평선이 뛰는 그 어버이 사랑같이 펼쳐진 '기러기뱃길'이다.

'둥그런 눈만 뜨고' 그려보는 시인은 '웃는얼굴로 물이랑이 뺨을 쳐부르는 '벽없는 하늘을 향해/그긴울음 날리며 날리며 흘러간다'//'무한한 이땅위의 푸른물길속으로 날아간다.' '바다품안에 내가 안겨' 어버이 품안으로…. 너무나 무게 있는 딸의 맘 꽃이 수놓인 시다.

10.

촛불은
이대로 모두
태워버릴 수 있습니다

태운 후
길게 웃을 수도 있다면
모두 버릴 수도 있습니다

불씨를 지키지 못하는
혼불 감싸주지 못하는 아픔을
촛불은 다 알고있습니다

<

깊은 바다에 내 너를 던지고
홀로선 뿌릴 벋어 꽃을 피워봅니다
향기나는 노래를 불러도 봅니다

나를 열고 들어온 너
끝까지 웃음을 피워내는 모습 참 아름답습니다.
———시 '나를 열고 들어온 너' 전문

'나를 열고 들어온 너'는 '홀로선 뿌릴 벋어 꽃을 피워봅니다' '향기나는 노래를 불러도 봅니다'가 말해주듯 자신 또한 어떤 상황속에서도 '향기나는 노래를 불러도 봅니다'로 표현했듯 작품을 함부로 내지도 않는다. 시인이 소속된 단체의 기관지나 그럴듯한 고급 문예지에만 작품을 내고 있다. 자연 寡作에 작품 발표 편수도 적을 수밖에 없다.

기껏해야 (사)국제 펜 한국 본부 'PEN 문학'이나 한국 문인 협회 '月刊文學'이나 한국 현대 시협의 기관지 '한국 현대시' 1년 2회 내는 작품 외 한국 여성 문학인회 기관지 '여성 문학' 이러한 대표적인 문예지에는 꼬박꼬박 작품을 선보이고 있었다. 그래서 1년에 많이 발표해야 시 20여 편에 불과하다. 이렇게 발표한 시가 시집 한 권 분량이 되려면 몇 년을 기다려야 한다.

대신 시인은 아무렇게나 작품을 쓰지않았다. 발표하는 시마다 단단하고 야무져서 남에게 책잡히지않게 돼있었다. 편편마다 수준이 똑 골랐다. 그래서 시인은 드문드문 몇 편 발표하지않고도 시인 이름을 고급스럽게 유지해왔다. 벌써 文林에 나온 지 신년기를 지나 중년기를 거쳐 중진급 여류 시인이 되었다. 그것도 孝行律呂詩를 남달리 잘 써내 독특한 경지를 이뤘다. 남들이 도저히 이 시인을 극복하지 못할 그런 우수한 孝行詩를 써서 빛을 받았다.

그래서 조용히 뒷마당에서 띄엄띄엄 시를 발표하지않고 있어도 그시가 수준이 높았다. 辛宙源은 그래서 자기 위치를 文林의 높은 상단에 높이 놓이도록 위치를 굳힌 것이다. 그래 오늘날 신주원은 孝行律呂詩로는 1류가 되어 詩林에 붉은 깃발을 꽂고는 동서 남북 백백 천천 휘날리고있는 모습을 바라볼 수가 있다. 우선 그녀의 평생 대표작 중의 한 편이 되어도 무방할 시 '나를 열고 들어온 너'는 '나를 열고 들어온 너/끝까지 웃음을 피워내는 모습 참 아름답습니다.'로 표현해냈듯이, 마음 어디에도 흔들림없이 고요함을 느끼게 해준다.

이와 버금가는 작품이 남아있다. '襄陽思父曲' '호상'(―동작동 '국립 서울 현충원'에 모시며) '배총 떨어진 날에' '날개달고 떠난 울엄니'도 빛을 내고있다. 이 네 편만하더라도 시인의 대표작에 오를만한 수확이다. 이런 신주원의 孝行律呂詩를 우리나라 어느 여류 시인이 있어 이 시인을 극복해낼 수 있을까 의문스럽다.

11.

발바닥은 따 '地'에
마음은 안태고향 襄陽
낙산 동해바다 물평선 펼쳐두고
울아배 모신 지
두 해하고도 또 두 그믐초생 지났다

모든 것 다 드린 난 큰딸
이젠 아플 짬마저도 없다

꿈속이라도 늘 귀는 열려있고
아배 신음소리따라
발자국소리는 화답이 없다
울아배따라 예까지 왔음에도….

하얀밤은 까만밤 껍데길 벗겨먹고
하얀등골 거꾸로 보여 어지럽다

내 품안의 '낙산사' 해수 관음 보살이 그립다.

——시 '襄陽思父曲' 전문

　'襄陽'은 강원도 '낙산사'가 있는 땅이다. 이곳 지명도 '陽'자가 들어있어 반촌, 선비 고장이다. 옛부터 양양땅에서는 좋은 선비들이 많이 나왔다. 또한 선비 중의 선비인 좋은 문인들도 많이 태어났다. 襄陽에서 태어난 문인 중 시인인 辛宙源이 이곳 출신이다. 강원도 별의 시인 이성선 시인의 제자다. 중학교 시절의 젊은 샛별 시인 이성선이 그녀의 은사이다.

　강원도를 대표하는 시인으로는 李姓敎를 꼽을 수 있고, 이성선을 꼽을 수 있다. 또 이승훈 교수도 있지만 그의 시는 강원도 산천도 닮지않은 별종 모더니즘의 서양 외래종의 품종이다. 역시 강원도 풍속시로는 李姓敎와 沈相運 이성선 같은 시인이 진짜 강원도 풍속 시인이다. 여기에 辛宙源 시가 꼬리를 이어붙여도 될 듯하다. 특히 江原 孝行律呂詩로는 신주원시밖에 없다. 그래서 신주원의 시가 귀한 것이고, 빛나는 것이다. 이땅에서는 아무도 신주원의 孝行律呂詩를 따를 시인이 없으니, 더욱 그렇다. 강원도땅에서도 찾아볼 수 없지만, 강원도 밖 어느 땅에서도 신주원 효행 律呂詩를 따라잡을 수 있는 작품이 나온 적이 없다. 이방면에선 신사임당을 빼놓고는 독보적인 존재가 된 것이다. 역시 이성선의 제자란 소리를 들어도 이젠 그럴만해 보인다.

　시 '襄陽思父曲' 한 편만 보더라도 고개가 끄덕여진다.

　'하얀밤은 까만밤 껍데길 벗겨먹고/하얀등골 거꾸로 보여' 어지러울 지경에 이르도록 시인은 고향의 '낙산사 해수 관음 보살이 그립다.'는 환경속에 살고있다.

　시인은 襄陽 고향을 어버이 사랑으로 못잊어 고향 '思父曲'을 지은 것이다. '안태고향 襄陽/낙산 동해바다 물평선 펼쳐두고/울아배 모신 지/두 해하고도 또 두 그믐초생 지났다'는 것이다. 이처럼 '모든 것 다 드린 난 큰딸/이젠 아플 짬마저도 없다'는 지경에 이르렀다. '울아배따라 예까지 왔음에도…'이다. 그래서 '襄陽思父曲'은 律呂詩로 태어났다. 천상 律呂가 감도는 시가 된 것이다.

12.
눈물이 다 말라도
이 눈가는 촉촉하고 뜨겁다

뼈만 앙상한 울아배
음력 9월 보름날 소천
양력으론 시월 스무날 밤 축시에…가셨다

모신 지 석3년 7개월 보름째
가시기 열흘 전만 해도
연어회 자시고 딸을 바라보며 환히 웃으시던,

소나기 한줄금씩
영영 떠날 듯이 내리때렸다

사하라 사막이라해도
그날밤 그눈길은 잊을 수 없어
아직까지 내 눈엔 어리벙해

이젠 귀도 열리고
날며 뛸 수 있는 구름밭
白壽 호상 울아버지 참 고마우셨다.

────시 '호 상'(─동작동 '국립 서울 현충원'에 모시며) 전문

 시인의 어버이 두 분 다 90수를 누리면서 여행을 떠났다. 특히 시인의 아버지는 국가 유공자라 '화랑 무공 훈장'을 탄 분으로 사후엔 '국립 서울 현충원'에 모실 수 있었다. 따라서 2년 4개월 후 그뒤를 따라가는 시인의 어머니도 아버지 따라 부군 옆자리에 나란히 누워 여행할 수가 있어 자식들 보기에도 좋았다.

시인도 동작동 '국립 서울 현충원'에 모신 어버이 양위분을 '호상으로 생각한다.
'뼈만 앙상한 울아배/음력 9월 보름날 소천/양력으론 시월 스무날 밤 축시에…가셨다'//모신 지 석3년 7개월 보름째/가시기 열흘 전만 해도/연어회 자시고 딸을 바라보며 환히 웃으시던,' '그날밤 그눈길은 잊을 수 없어' 白壽 호상 울아버지 참 고마우셨다.'고 쓰고있다. 아버지는 평소 사랑하는 맏딸 신주원의 품에 안겨 소천했다는 것이다. 그야말로 호상 중의 호상이다. 시인은 이제 어버이와의 이별에는 여한이 없을 것이다. '호상'이라는 시까지 쓰게 됐으니, 자식으로서는 큰후회도 없을 것이다.

13.
울엄니께 전화해
낳아줘서
고맙습니다 한다

오늘은 딸내미 생일날
어미 손을 잡으며
낳아줘서 고맙습니다 한다

1초간 '멍' 때리는
울아배 먼여행 떠난 발자욱소리뿐,
눈살이 따갑고아프다

울엄니도 구름밭 거닐 때
효까마귀 울음소리 구슬프게 들릴 날도 있겠다

생신에 그모습 보고파
울아배 층층집 '현충원' 다녀와야겠다

흘러가는 물소리

꽃피고지는 봄은 볼 수 있지만
이승 저승 혼그림은 볼 수 없다
울아배 헤벌심 웃는 모습만 환하다.

──시 '배총 떨어진 날에' 전문

아기가 태어나면 탯줄(배총)을 자른다. 그리고 탯줄을 잘라 아기와 갈라 묶는다. 묶은 탯줄은 꼭꼭 싸매져 보관된다. 태와 함께 별도로 고이 담겨 어디론가 비밀리에 다 갈무려져 사라진다. 태항아리째로 별도로 고스란히 좋은 명당 터에 매장하기도 한다.

'울엄니께 전화해/낳아줘서/고맙습니다 한다'//…'어미 손을 잡으며/낳아줘서 고맙습니다 한다' 딸내미 생일날 시인의 딸이 어미 손을 잡으며 '낳아줘서 고맙단 것이다. 이때 시인은 '울아배 먼여행 떠난 발자욱소리'를 듣게 된다. '울엄니도 구름밭 거닐 때' '효까마귀 울음소리' '들릴 날도 있겠다'는 것이다. '이승 저승 혼그림은 볼 수 없'지만, '울아배 헤벌심 웃는 모습만 환하다.' 환히 떠오를 만하다. '배총 떨어진 날에' 봄처럼 상상해 보는 환상에 새삼 울엄니께 '낳아줘서/고맙습니다'라는 인사를 드리는 것이다.

시인의 배총은 떨어져 어디로 흘러가 숨겨졌을까. 배총도 상상하면서 더욱 시인은 '낳아줘서/고맙습니다'라는 孝마음으로 우러러 받들어 '孝心'을 올리는 것이다. 이럴수록 시인의 시는 모두 孝行律呂뽄想의 詩가 뇌어 더욱 이땅위에서 빛날 것이다. 출가해서 잘 살고있는 외동딸의 '낳아줘서 고맙습니다'란 인사를 들어가면서 살아가는 시인은 새삼 '배총 떨어진 날에'를 생각하며 생전의 고마움을 더욱더 잊지 못할 것이다.

14.

2024년 2월 15일 음력 1월 6일
울엄니 인사하곤 울아배 따라 날개달고 떠났습니다
내 삶의 마지막 고마움 참사랑 주고갔습니다

마지막날 손흔들던 그모습
난 손시리다고 자꾸 이불속으로 팔넣어주고
아프지않게 해달라고 빌기도했습니다
그날 가신 님
천사같은 울엄니 이세상에서 제일 사랑했습니다.

——시 '날개달고 떠난 울엄니' 전문

아버지를 보내드린 후 시인은 누워지내던 어머니를 집으로 모셔와 간호해드리면서 또한 가실 때까지 조용히 하늘로 편히 보내드렸다. 시 '날개달고 떠난 울엄니'가 그래서 쓰여진 것이다. 2024년 2월 15일(음력 1월 6일) '울아배 따라 날개달고 떠났습니다' '참사랑 주고갔습니다' '가신 님'은 '이세상에서 제일 사랑했'던 울엄니였다. '날개달고 떠난 울엄니'였다. 아버지를 여원 다음에 보내드린 것이다. 맏딸이자 큰딸이 오빠와 여동생들과 준비해 아버지를 먼저 저세상으로 배웅해드리고 난 다음 어머니를 저승으로 여행길을 안내해드린 것이다. 그래서 더욱 시인은 孝스러운 孝行律呂詩를 써서 가문을 빛낸 것이다.

요즘 흔히 빠지기 쉬운 산문율에 빠지지않고 끝까지 한국의 민속적인 전통의 장단 가락을 지켰다. 그래서 律呂詩를 짜낸 것이다. 그것도 孝行律呂詩로 짜맞추면 제대로 맞아떨어지는 것이다.

시인도 孝行詩를 쓰면서 민속적인 전통 장단 가락을 짚어주었기 때문에 신주원의 시가 더욱 빛나는 것이다. 남다르게 솟아올랐기 때문에 시인의 孝行律呂詩는 더욱 환히 빛났던 것이다. 그래서 詩林에서 부모 모심으로 반10년 간 조용히 지냈지만, 이제 와서야 둥그런 보름달로 떠올라 詩林을 비추었던 것이다. 그래서 文林에선 돋보이는 시인이 된 것이다. 한국의 이시대 모범적인 孝行詩를 빚어낸 것이다. '날개달고 떠난 울엄니'를 써서 결별의 혼을 마중한 것이 辛宙源의 文學的 孝行律이다.

신주원 - 약력

- 강원도 양양 출생. 호 情泉.
- 2001. '문예 사조' 신인상 시부 당선.
- 2007. 한국 문인 협회 '月刊文學' 편집국 기자.
- 반년간 '한국 현대시'(2008.~2009.) · 한국 자유 문협 사무 국장 겸 한국 현대 시협 사무 국장(2008.~2009.).
- 현재 · 한국 문협 한국 문학사 편찬 위원 · 한국 현대 시인 협회 이사 · 한국 여성 문학 인회 이사 · 국제 펜 한국 본부 회원 · '自由文學' 및 도서 출판 天山 편집장 · 자유 문학회 자문 위원.

- 첫시집 '세상 속의 우리'(2002. 문예 사조).
- 제2시집 " '낙산사' 해뜰 무렵"(2011. 도서 출판 天山).
- 제3시집 '눈을 보면 알아'(2024. 도서 출판 天山).

- 제22회 '문예 사조 문학상 우수상 수상(2010.).
- 제13회 '自由文學賞' 수상(2014.).

- 이메일 · s-j-w1208@hanmail.net

天山 詩選 143

4356('24). 7. 30. 박음
4356('24). 8. 8. 펴냄

신 주 원 제3시집

눈을 보면 알아

지은이	辛 宙 源
펴낸이	申 世 薰
잡은이	신 새 별
판본이	辛 宙 源
판든이	신 새 해
판든이	金 勝 赫
펴낸곳	도서 출판 天 山

04623. 서울시 중구 서애로 27(필동 3가). 서울 캐피털빌딩 302호. '自由文學' 출판부.
등록 1991.10.31. 제1-1269호

전자 우편 · freelit@hanmail.net

ISBN 979-11-92198-15-6   03810
☎02-745-0405 (F)02-764-8905

*잘못된 책은 바꿔드립니다.
값 15,000원